Corazones Micrófono

Dedicado a tu libertad

Introducción

Esto es un libro herramienta.

Un libro herramienta es un libro interactivo en el
que la persona que lo lee toma parte en su creación. Creo
que un libro no está completo hasta que se lee. Cuando leo
algo, estoy "escuchando" las ideas de quien escribe. Tener
la oportunidad de escuchar las ideas de otras personas, me
inspira a crear las mías propias. Por eso, he creado un es-
pacio para que expreses tus ideas en este libro herramienta. Así, este libro tendrá la oportunidad de ser completado.
No dudes en ocupar espacios en blanco dentro de este libro para escribir o dibujar tus pensamiento mientras lees.
Es aquí donde reside, para mí, el valor del Arte; en el inter-
cambio de historias que contamos sobre nuestra experiencia de la vida.

Este libro se ha creado para ayudarnos a recordar
todo lo que nos puede aportar eso de regalarnos a
nosotros mismo unos minutos de reloj. De una forma sen-
cilla y práctica, este libro que está entre tus manos te lla-
ma la atención. "¡Oye! Siéntate dos segundos, mírate en él
y cosecha las maravillas del equilibrio cuando inviertes
bien tu tiempo." Esto es un libro herramienta para ayudarte a hacer buenas inversiones. Después de leerlo, podrás completarlo al escribir en él.

Corazones Micrófono

Siempre me ha gustado comparar los tipos de micrófono que hay con las distintas formas que tienen los corazones humanos de amar. Algunos corazones aman en abanico y otros aman de una forma concentrada; en una dirección. La forma de amar depende de los intereses que tiene cada persona. A algunas personas, les gustan muchas cosas; les maravilla el mundo y les encanta emprender nuevos proyectos. Otras personas, se centran en la ciencia o en la literatura y ahondan en temas específicos ¿Tu corazón cómo es? ¿A qué micro se parece?

Sea cual sea tu forma de amar, lo más importante es ser consciente de lo que quieres en cada momento. Este libro se ha creado para ayudarte a conocerte, a escucharte, a verte en el espejo y a saber lo que quieres para que te lo puedas regalar.

Algunos días, la energía en tu corazón se "exportará" hacia una sola cosa o persona. Otros días, tu atención estará repartida entre varias cosas. Quiero que sepas, que dedicar tu tiempo a varias personas distintas no significa que ames a cada una menos que la persona que dedica todo su tiempo a una sola. Cada vez que te diriges a alguien o algo, puedes emitir la más pura atención para que, aunque sea poca en cantidad de tiempo, sea siempre de calidad.

A veces, la atención que prestamos a una sola cosa o persona es demasiada y nos sentimos mal. Sentimos que algo nos pesa y es gracias a esa sensación que nos damos cuenta. Otras veces, la atención que prestamos a una multitud de cosas es demasiada repartida y nos sentimos mal. Sentimos una falta de conexión prolongada que no es sana para los humanos. En estas ocasiones vulnerables, hay personas que invierten su necesidad de conexión en cosas que no les devuelven nada saludable. A veces, estas malas inversiones se convierten en una insana adicción.

¿Qué vas a hacer tú? Elige primero tus acciones saludables. Piensa en las consecuencias de las acciones que eliges y asegúrate de que te vienen bien. Puedes elegir lo que es bueno y saludable para ti según tu experiencia de vida.

Todas las acciones son inversiones. Es preferible hacer buenas inversiones con tu tiempo. Recuerda que hay 24 horas al día y que tu vida es tuya. Si te conoces bien, puedes elegir lo que es una buena inversión para ti. ¿Te gusta tu trabajo? Te aporta dinero. Eso es un ejemplo de una buena inversión. ¿Hacer deporte es algo que te gusta? Te hace respirar profundamente y te sienta bien. Eso es otro ejemplo de una buena inversión.

Puedes ver esto como un juego. Mientras duermes, tu corazón se enchufa a la batería de la vida. Cuando despiertas, tienes una energía de 10 puntos. Si es domingo y estás en familia, puedes dedicar toda tu atención a las personas que la conforman. Tus 10 puntos van dirigidos al grupo y es una inversión unidireccional. Si es lunes, tus 10 puntos los puedes repartir entre tu trabajo (5 puntos de energía) y tu pareja (otros 5 puntos). El martes, entre el trabajo (5 puntos), el gimnasio (3 puntos) y tu pareja (2 puntos), inviertes tu energía de 3 formas distintas.

No hace falta que una persona se sienta mal si su pareja dedica más tiempo al gimnasio o la meditación que a ella, un día. Cada persona es libre de invertir su tiempo en lo que quiera y no hay por qué sentirse mal al ver en qué invierten, otras personas. Si queremos estar con alguien que nos dedique más tiempo, podemos pedirlo y proponerlo tranquilamente o simplemente, cambiar nuestra atención hacia otra cosa u otra persona.

Lo más importante es saber lo que queremos y ser conscientes de lo que estamos haciendo para ser los diseñadores de nuestra propia vida.

En la próxima página verás un ejemplo de cómo puedes realizar el ejercicio que te propongo. Hay una página para cada día del mes en la que podrás reflejar como gestionas tu tiempo.

¡Disfruta del juego!

Formas variadas de invertir tu energía

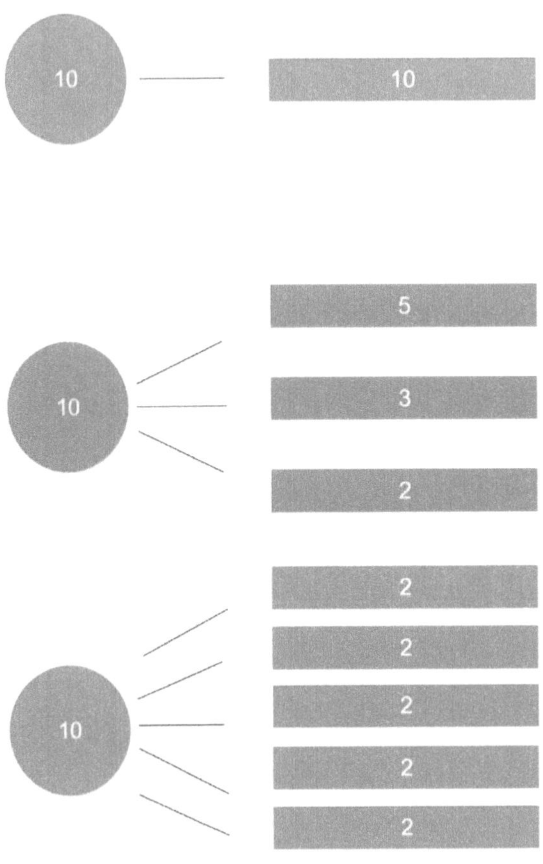

1

El valor del tiempo no lleva precio.

FECHA ___________________

ENERGIA   ACTIVIDAD

2

Aquellos que valoran el tiempo, piensan por sí mismos.

FECHA _______________________

ENERGIA	ACTIVIDAD

3

El tiempo vuela; lo captas o lo dejas escapar.

FECHA __________________

ENERGIA   ACTIVIDAD

4

Date tiempo para gestionar tu tiempo.

FECHA ____________________

ENERGIA   ACTIVIDAD

5

No te distraigas por las agendas de otras personas; honra tu propio horario. Si decides que ayudar a los demás es parte de tu horario entonces apúntalo pero sé consciente de que eres libre y de que todas tus elecciones tienen consecuencias.

FECHA ________________________

ENERGIA	ACTIVIDAD

6

Las personas que entienden el valor del tiempo saben estar presentes.

FECHA _________________________

ENERGIA   ACTIVIDAD

7

El tiempo es el regalo de la presencia.

FECHA _______________________

ENERGIA   ACTIVIDAD

8

Hay tiempo para ser y tiempo para hacer.

FECHA ___________________

| ENERGIA | ACTIVIDAD |

9

El tiempo te puede traer cosas.
¿Qué cosas te pueden traer tiempo?

FECHA ______________________

ENERGIA	ACTIVIDAD

10

Las personas que valoran el tiempo son muy conscientes
de cómo lo usan.

FECHA ___________________

ENERGIA	ACTIVIDAD

11

¿Eres como una chinchilla dentro de en una rueda co-
rriendo rápido a ninguna parte?

FECHA _______________________

<table>
<tr><td>ENERGIA</td><td>ACTIVIDAD</td></tr>
</table>

12

Siempre puedes empezar otra vez ahora mismo.
¡Qué regalo!

FECHA ______________________

ENERGIA   ACTIVIDAD

13

Equilibra tu atención y tus relaciones como un balancín.

FECHA ______________________

<table>
<tr><td>ENERGIA</td><td>ACTIVIDAD</td></tr>
</table>

14

¿Cómo inviertes tu dinero y tu tiempo?
¿Cosechas beneficios?

FECHA _______________________

ENERGIA	ACTIVIDAD

15

¿Te ayudan, las cosas materiales que posees a disfrutar de
tu tiempo ? Puedes sentir gratitud.

FECHA _______________________

ENERGIA	ACTIVIDAD

16

¿Qué es lo más saludable que puedes hacer hoy para ti?

FECHA _______________________

ENERGIA   ACTIVIDAD

17

¿Estás persiguiendo el futuro?
¿Cuándo el futuro de repente aparezca como un momento
presente, lo disfrutarás o lo gastarás persiguiendo otro
futuro?

FECHA ___________________

ENERGIA   ACTIVIDAD

18

Puedes entender lo que es el tiempo cuando miras el agua
en un río.

FECHA _______________________

ENERGIA   ACTIVIDAD

19

Cuando eliges qué hacer con un minuto de tu tiempo, estás diseñando tus horas y tu vida.

FECHA ___________________

<table>
<tr><td>ENERGIA</td><td>ACTIVIDAD</td></tr>
</table>

20

El tiempo es un ahora constante.

FECHA _______________________

ENERGIA	ACTIVIDAD

21

Dicen que el tiempo sana el corazón pero si puedes enfocar
tu atención en algo nuevo, puedes sanar en un segundo.

FECHA ____________________

22

Si tuvieras amistad con el momento presente, nunca ten-
drías que esperar.

FECHA _______________________

ENERGIA   ACTIVIDAD

23

¿Estas haciendo algo ahora mismo para obtener un futuro
mejor o estás disfrutando a tope del día de hoy?

FECHA _______________________

<table>
<tr><td>ENERGIA</td><td>ACTIVIDAD</td></tr>
</table>

24

Hay algunos momentos que empleas en planificar y otros
momentos que empleas en llevar a cabo tu plan. Puedes
hacer ambas cosas para ver por donde caminas.

FECHA _______________________

ENERGIA	ACTIVIDAD

25

Cuando usas tu tiempo para viajar de un sitio a otro
asegúrate de usarlo bien.

FECHA ________________________

<table>
<tr><td>ENERGIA</td><td>ACTIVIDAD</td></tr>
</table>

26

¿De qué se trata; de la cantidad de cosas que haces o la
calidad de las cosas que haces?

FECHA _______________________

ENERGIA   ACTIVIDAD

27

Siéntete bien con lo que eliges hacer y elige hacer aquello
que te hace sentir bien.

FECHA ___________________

ENERGIA   ACTIVIDAD

28

Cuando dices "No tengo tiempo" lo que estás diciendo en realidad es "No quiero hacer eso ahora mismo" . Es bueno honrar la libertad.

FECHA ___________________

ENERGIA   ACTIVIDAD

29

¡Qué afortunados somos de tener un lenguaje con pal-
abras que miden el tiempo para poder comunicarnos los
unos con los otros sobre cómo experimentar la vida jun-
tos!

FECHA _______________________

	ENERGIA	ACTIVIDAD

30

Si te quieres mojar de verdad, el tiempo ni siquiera existe.
Estáte presente.

FECHA ________________________

ENERGIA	ACTIVIDAD

31

¿Qué merece tu atención?

FECHA ___________________

ENERGIA   ACTIVIDAD

Sobre la autora

Elena nació en el seno de una familia bilingüe y ha vivido en distintos lugares a lo largo de su vida. Esto le ha dado la oportunidad de conocer una variedad de culturas diferentes. Existe una diversidad de rituales en el mundo; formas de pensar y de actuar, sin embargo, hay también rasgos que son comunes a todos los seres humanos. Vivir en distintos lugares le ha ayudado a entender los puntos en común que nos hacen a todos, una parte de la raza humana.

Con un don especial para entender la psique humana, Elena ha ayudado a muchas personas a lo largo de su vida. Ha tenido la oportunidad de comunicarse con una multitud de seres humanos. Ha enseñado idiomas a personas de todas las edades y entrevistado a miembros de varios sectores diferentes de la sociedad. Se especializa en ayudar a que las personas se escuchen a sí mismas para saber lo que quieren y a que gestionen su tiempo para hacer buenas inversiones. Es una fuente de inspiración para personas que quieren aprender a usar el poder de la imaginación como una herramienta para diseñar sus vidas.